C'EST MOI L'ESPION

DE NOËL

DES PHOTO-MYSTÈRES

Photographies de Walter Wick

Texte de Jean Marzollo

Texte français de Marthe Faribault

Les éditions Scholastic

À mes parents, Betty et Peter Wick
W. W.

Conception graphique de Carol Devine Carson

Données de catalogage avant publication (Canada)

Wick, Walter
C'est moi l'espion de Noël

Traduction de : I spy Christmas.
ISBN 0-590-24080-3

1. Jeux à images — Ouvrages pour la jeunesse.
2. Noël — Ouvrages pour la jeunesse.
I. Marzollo, Jean. II. Titre.

GV1507.P47W514 1993 J793.73 C93-094250-7

Édition publiée par Les éditions Scholastic,
175, Hillmount Road, Markham (Ontario) Canada L6C 1Z7

5 4 3   Imprimé aux États-Unis   9/9 0 1 2 3 4/0

Table des matières

Je cherche une horloge, un cornichon vert,
le père Noël dans son traîneau et un Z avec un R;

8

une grenouille sur une feuille, un ourson qui sourit,
un accordéon et un épi.

Je cherche un cheval, trois coquillages, un petit chat blanc,
une étoile à cinq branches et deux clochettes d'argent;

un anneau d'or, un ange qui claironne, une araignée,
un dé à coudre en guise de chapeau et une clé.

Je cherche un bonhomme de neige, trois poules, une baguette,
un lapin, une petite boucle jaune et un éléphant à roulettes;

un autobus, un marteau, un aimant,
quatre chandelles, 5 cents et un goéland.

Je cherche une pièce d'or, deux oiseaux bleus, un oeuf doré,
un petit lapin, une étoile et deux petits cailloux rayés;

14

une clé antique, deux lacets rouges, la botte du père Noël
et sept pommes de pin : où sont-elles?

Je cherche une petite voiture, un parapluie et une jolie coccinelle,
un ours polaire, trois grelots et deux tourterelles;

trois paires de gants, deux mitaines mouillées,
un singe et un traîneau doré.

Je cherche deux guitares, une horloge, une maison,
une chaussette sur la queue d'un écureuil et trois cochons;

une série d'ampoules de sapin de Noël, une ceinture avec un B,
une canne en bonbon et un sapin cassé.

Je cherche un dé à coudre, quatre oiseaux rouges, deux trombones,
un coq avec un poussin et un roi avec une couronne;

une maisonnette, un pot de colle, un chien,
une noix déguisée en souris et un père Noël avec un sapin.

Je cherche une oie, un pinceau, deux chats blancs,
un poulet, une église et un gland;

une locomotive, une petite clé anglaise dorée,
six oursons musiciens, une clé antique et la lettre G.

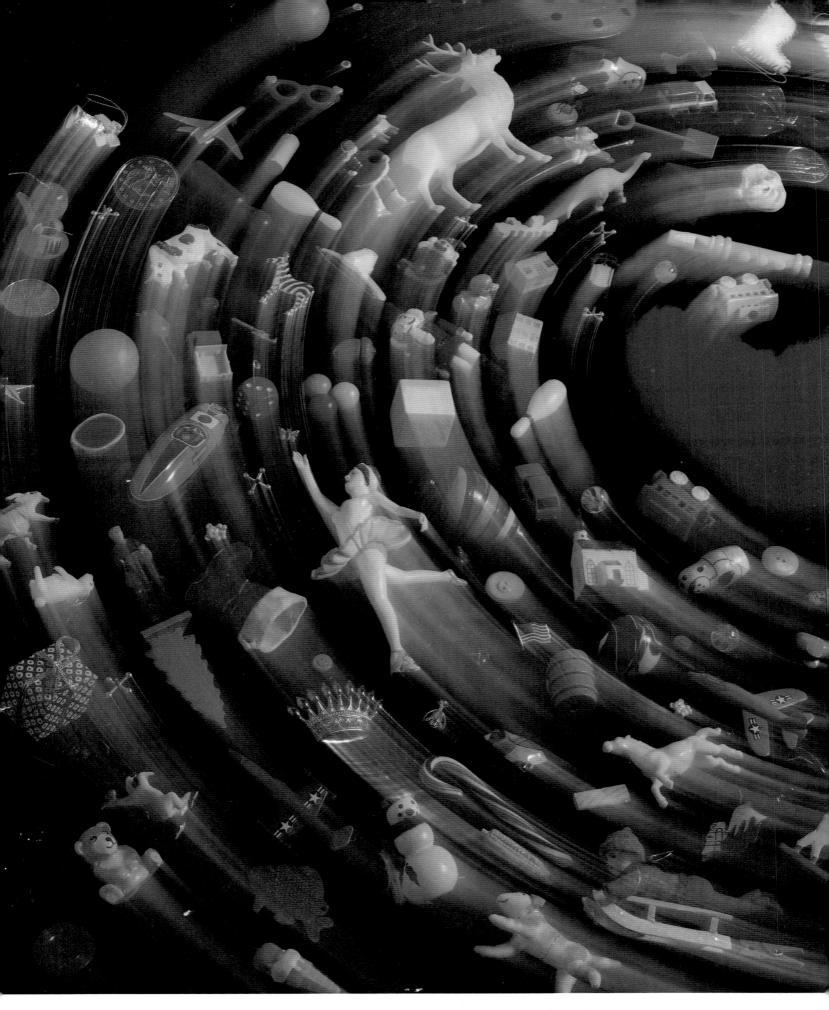

Je cherche le chiffre trois, trois cannes en bonbon,
un petit poussin jaune et sept avions;

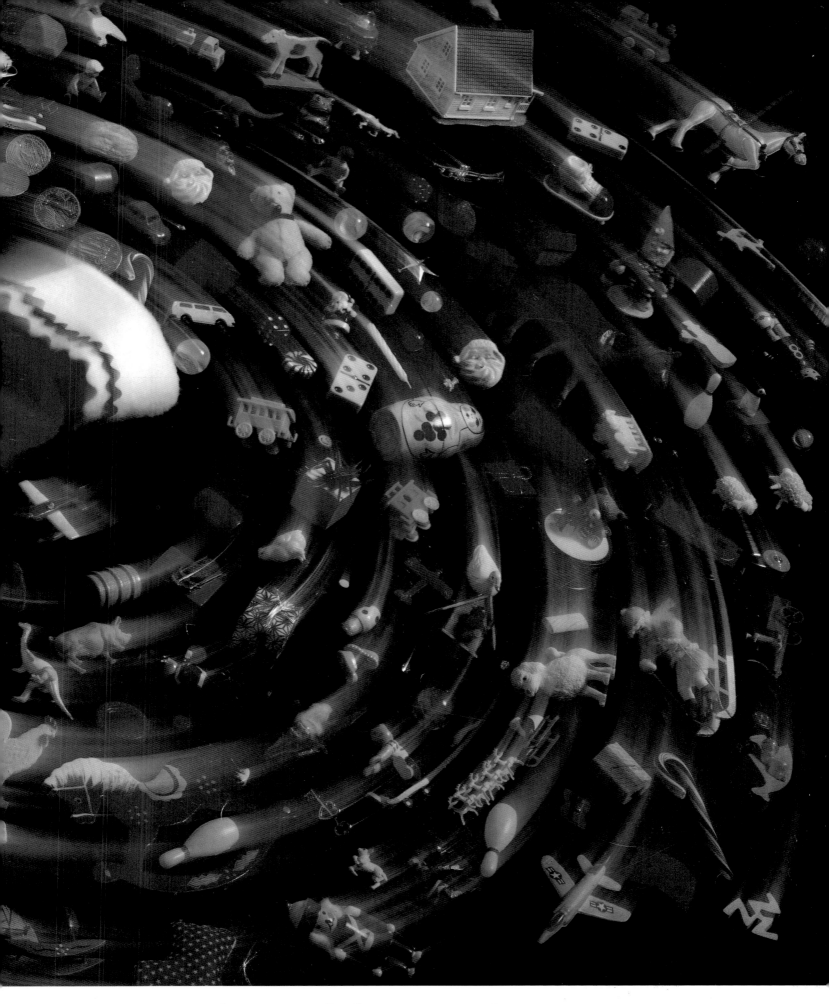

une pince à linge, un clocher, une toupie,
un oiseau sur un perchoir et un épi.

Je cherche un père Noël sur une chaise, un cheval, un poisson, une vache, une petite main et un petit champignon;

une théière, un ruban brun sur un chapeau,
un ourson qui tient une cloche et une toute petite cabane à oiseaux.

Je cherche une carotte à la place d'un nez,
une ballerine et une petite pièce argentée;

une hachette, une bouteille, une clé, un avion,
une pomme de pin, un sapin de Noël et quatorze cannes de bonbon.

Je cherche un coq, un père Noël avec une canne, un tracteur,
l'ombre d'une étoile et un wagon de voyageurs;

deux jolis carrosses, un ruban bleu, une chaussure trouée,
des notes de musique et un petit animal zébré.

Je cherche l'ombre d'un patin, un gant,
un cheval et une pièce d'argent;

une ampoule de sapin de Noël, un camion,
une colombe, un cheval et un mouton.

D'autres énigmes à élucider

Qui suis-je?

Cherche-moi chez les *Oursons d'antan*, je suis assis sur une tablette.

Tu me trouveras ensuite dans chaque illustration.

Je suis le _____ du père Noël.

Trouve les illustrations qui correspondent à ces énigmes.

Je cherche un jujube, une patineuse habillée en rouge, un drapeau, de petites chaussures roses et un père Noël sur un traîneau.

Je cherche une colombe, un ourson avec un balai, un téléphone ancien et une poupée.

Je cherche une poire jaune et rouge, un poulet, un ange, un cor et une pièce de monnaie.

Je cherche une tasse, une mandarine, six oursons en bonbon, une bougie jaune et un glaçon.

Je cherche un lapin, sept rennes, un ourson, un collier et un bouton.

Je cherche deux cerfs-volants, une cuillère, une souris,
un jujube jaune, un ange avec une lune et une toupie.

Je cherche une trompette, une coquille de noix,
le mot NOËL et quatre cubes de bois.

Je cherche un cadeau bien emballé
et, dans la neige, un panier.

Je cherche un bonhomme de neige, une mitaine de dentelle bordée,
un taille-crayon et un traîneau doré.

Je cherche une pomme de pin
et un emporte-pièce en forme de sapin.

Je cherche une collerette, une chaise avec un bonbon,
un cheval à bascule, une pomme rouge et un accordéon.

Je cherche un réverbère, une amande, un cure-dents de bois,
un soldat vêtu de bleu et une minuscule croix.

Je cherche une pelle, un anneau d'argent, la fumée d'une cheminée,
la Petite Ourse, un chausson de ballerine, trois grelots et un clocher.

Invente tes propres énigmes

Il y a tellement d'objets cachés dans ces pages que tu peux inventer encore bien d'autres énigmes. Écris tes propres énigmes et demande à tes amis de les résoudre.

Remerciements

Nous tenons à remercier ici tous les gens de Scholastic qui nous ont aidés à réaliser les livres de la collection *C'est moi l'espion*, en particulier Grace Maccarone, Bernette Ford, Jean Feiwel, Barbara Marcus, Edie Weinberg, John Illingworth, Lenora Todaro et tous les autres.

Nous voulons remercier notre agent, Molly Friedrich, ainsi que les artistes Missy Stevens et Tommy Simpsons, qui nous ont donné accès à leurs magnifiques collections d'objets de Noël et d'antiquités.

Et enfin, merci à Dora Jonassen, Evan G. Hugues, Christopher M. Hayes et Linda Bayette, le magasin Verde Antiques, Katherine O'Donnell et Mariane Alibozak (adjointes à la photographie) et Linda Cheverton-Wick.

Walter Wick et Jean Marzollo

Comment on a fait ce livre

À part la page des «Oursons d'antan», dont la photo a été prise chez des amis, chaque illustration de ce livre a été créée par le photographe Walter Wick. D'abord, il conçoit l'atmosphère générale en fonction d'une base de 1,5 m sur 3m : un panneau de bois, des tablettes, un filet métallique, un tissu, une vieille fenêtre, de la bourre de coussin, etc. Il a même utilisé du bicarbonate de soude pour faire la neige de «Douce nuit». Ensuite le photographe dispose soigneusement les objets qui composent la scène, en prenant plaisir à en cacher un certain nombre. Puis il éclaire la scène pour obtenir des effets d'ombre, de profondeur et d'atmosphère. En dernier lieu, il photographie l'installation avec un appareil-photo qui utilise des négatifs de 8 pouces sur 10 pouces. Lorsque la photo est bonne, Walter Wick défait l'installation et s'attaque à la suivante.
Les installations ne vivent plus que sur photo et dans l'imagination du lecteur.

Walter Wick est le créateur de plusieurs jeux photographiques. Il est le photographe de «C'est moi l'espion». Il a produit plus de 300 couvertures de livres et de magazines. Ceci est le deuxième livre qu'il a fait pour Scholastic.

Jean Marzollo, l'auteure de ce livre, a écrit plusieurs livres de comptines pour les enfants.

Carole Devine Carson a réalisé la conception de «C'est moi l'espion de Noël». Elle est directrice artistique d'un important éditeur de New York.